新雅·成長館

女孩的權利宣言

作　　者：伊利沙伯·布拉米 (Elisabeth Brami)

繪　　圖：埃斯泰勒·比龍 (Estelle Billon-Spagnol)

翻　　譯：張碧嘉

責任編輯：黃花窗

美術設計：王樂佩

出　　版：新雅文化事業有限公司

　　　　　香港英皇道499號北角工業大廈18樓

　　　　　電話：(852) 2138 7998

　　　　　傳真：(852) 2597 4003

　　　　　網址：http://www.sunya.com.hk

　　　　　電郵：marketing@sunya.com.hk

發　　行：香港聯合書刊物流有限公司

　　　　　香港新界大埔汀麗路36號中華商務印刷大廈3字樓

　　　　　電話：(852) 2150 2100

　　　　　傳真：(852) 2407 3062

　　　　　電郵：info@suplogistics.com.hk

印　　刷：中華商務彩色印刷有限公司

　　　　　香港新界大埔汀麗路36號

版　　次：二○一九年六月初版

ISBN: 978-962-08-7292-1
La déclaration des droits des filles, written by Elisabeth Brami,
illustrated by Estelle Billon-Spagnol
© Talents Hauts (FRANCE), 2014
Traditional Chinese Edition © 2019 Sun Ya Publications (HK) Ltd.
18/F, North Point Industrial Building, 499 King's Road, Hong Kong
Published and printed in Hong Kong

新雅・成長館

女孩的權利宣言

伊利沙伯・布拉米 著

埃斯泰勒・比龍 圖

新雅文化事業有限公司

www.sunya.com.hk

女孩跟男孩一樣都有同等的權利去做她們喜歡的事。

第 一 條

她們有權利弄得亂七八糟、邋邋遢遢，
滿身傷痕，情緒高漲……

嘩哈哈哈！

喂喂

第二條

她們有權利玩波子、玩具車、玩具火箭、玩具火車和電子遊戲。

第四條

她們有權利爬樹、築堡壘、
越過圍欄……

第五條

她們有權利穿運動鞋、連帽運動衣、
工裝褲、短褲，戴棒球帽……

第六條

她們有權利穿着藍色、黑色、卡其色以及五顏六色的衣服。

＊ 我也想逃離這裏！

第七條

她們有權利做任何自己喜歡的工作，例如：貨車司機、太空人、警長、法官、工廠經理、總統、雕塑家、外科醫生……

第八條

她們有權利學習柔道、射箭、拳擊、足球、劍擊……

第九條

她們有權利閱讀犯罪小說、冒險故事、
恐怖故事，也可以喜歡看驚悚電影。

第十條

她們有權利大叫、為自己發聲、打架、發脾氣，
也不會被人稱為「男仔頭」。

第十一條

她們有權利不喜歡縫紉、編織或整理家居。

呼轟

這件衣服不稱身，
總是滑下來

第十二條
她們有權利討厭替嬰兒換尿片或抹鼻涕。

第十三條

她們有權利把頭髮剪得很短很短。

啦
啦
啦
啦
喂
喂
喂

第十五條

她們有權利跟任何人做朋友：男孩、
女孩或兩者。

這是一本非官方宣言，

充滿創意和幽默感，打破性別定型，

提醒我們性別平等的重要性。

For Irena Milewska, a free woman - E. Brami

伊利沙伯．布拉米 Elisabeth Brami

伊利沙伯．布拉米生於波蘭華沙，成長於法國，是法國著名的作家及心理學家。伊利沙伯修讀文學和心理學，畢業後在醫院擔當心理學家，為青少年服務超過三十多年。及後，她將自己的專業知識及經驗注入寫作之中，為兒童、青少年和成人創作了超過100本圖書。

這是一本非官方宣言，

充滿創意和幽默感，打破性別定型，

提醒我們性別平等的重要性。

For Andre Nahum, a free man - E. Brami

伊利沙伯 · 布拉米 Elisabeth Brami

伊利沙伯 · 布拉米生於波蘭華沙，成長於法國，是法國著名的作家及心理學家。伊利沙伯修讀文學和心理學，畢業後在醫院擔當心理學家，為青少年服務超過三十多年。及後，她將自己的專業知識及經驗注入寫作之中，為兒童、青少年和成人創作了超過100本圖書。

第十五條

他們有權利跟任何人做朋友：女孩、男孩或兩者。

太開心了！

第十四條

他們有權利不需要天天都當超級英雄。

第十三格

他們有種很困惑感、害怕自己……
觸鬚、子孫……

第十二條

他們有權利替嬰兒抹鼻涕、換尿片和照顧他。

第十一條

他們有權利學習縫紉、編織、燙衣服和整理家居。

第九條

他們有權利閱讀愛情故事、詩詞、童話故事，
並且有權利因電影的情節而流淚。

第七條

他們有權利做任何自己喜歡的工作，例如：托兒所人員、
老師、舞蹈員、護士、助產士、管家……

是男孩呢！

我來了！

第六條

他們有權利穿着粉紅色、黃色、紫色以及五顏六色的衣服。

小心啊！我往這裏！

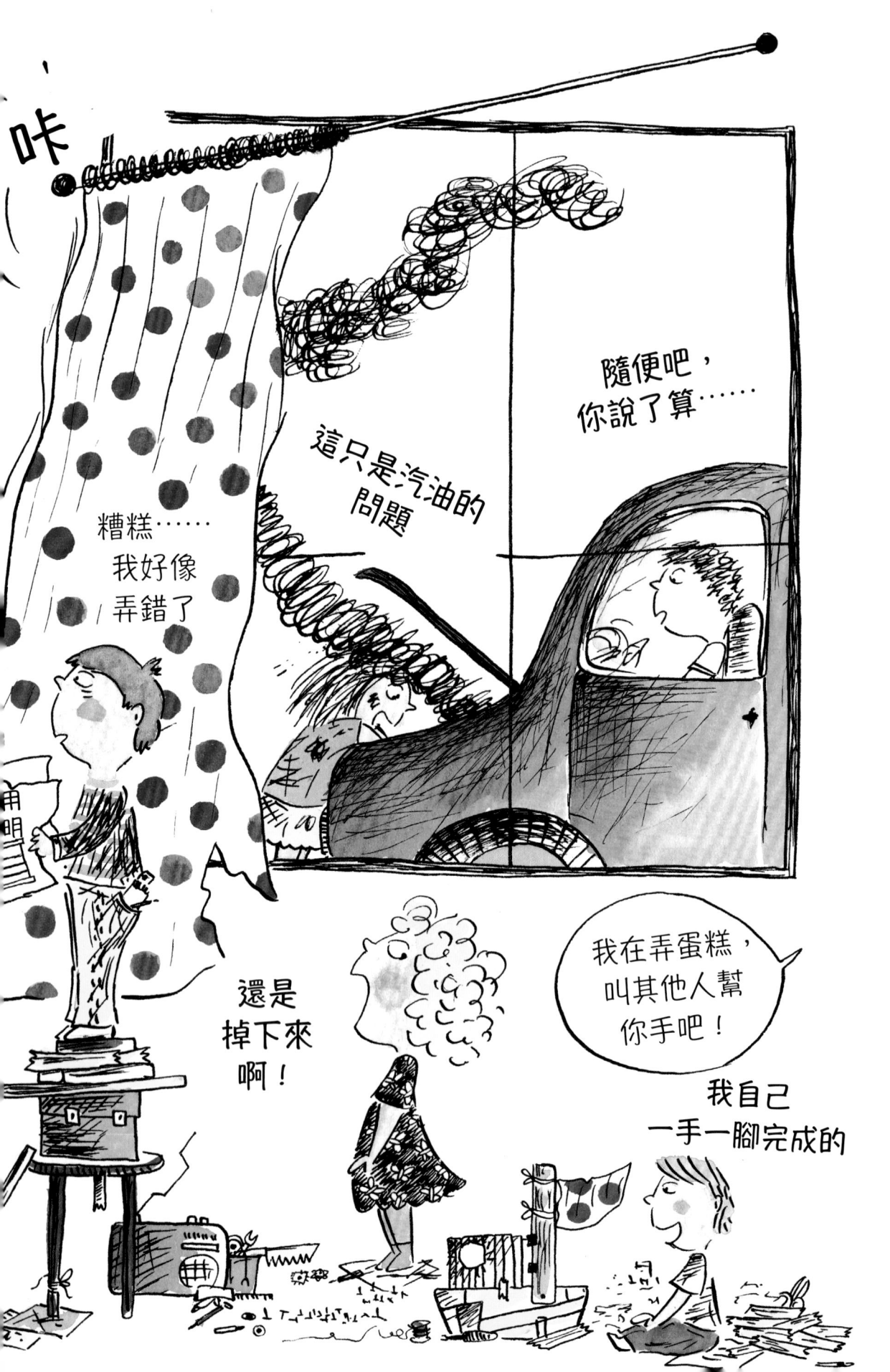

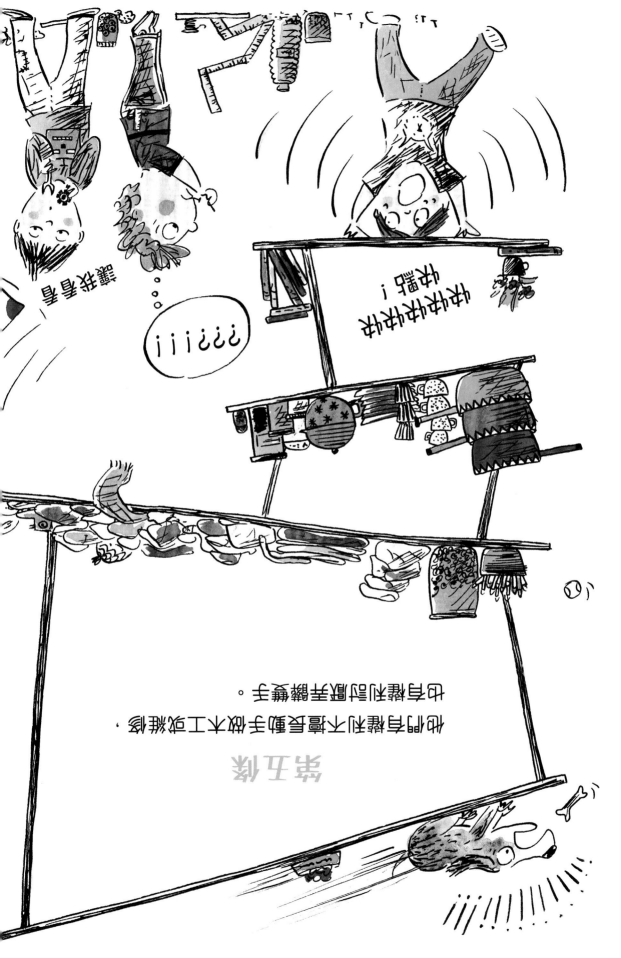

第四條

他們有權利擅長閱讀和寫作，
而未必能把數學學好。

太好了

記得要戴帽子，
否則你會着涼

嗝

親愛的，
可以吃飯了

很閲啊

第三條

他們有權利玩布娃娃、開茶會、扮家家酒、
跳繩、跳飛機……

第二條

他們有權利愛整潔、香噴噴、時尚、討人歡喜、安靜和乖巧——十全十美的。

我明白了

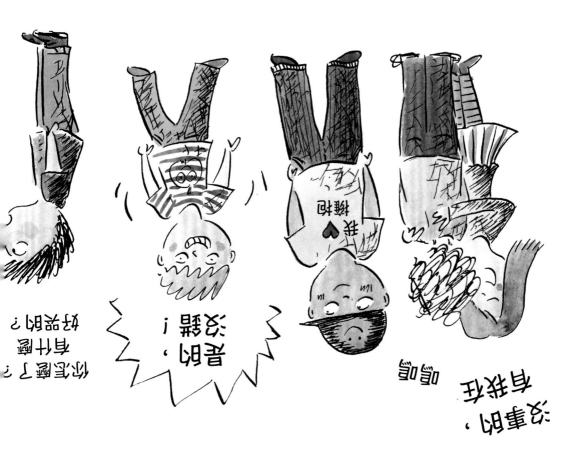

第一章

他們有權利說不和被擁抱。

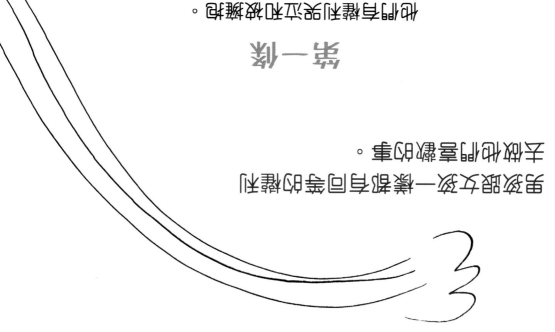

每次跟女孩一樣報其回奏的擁抱
多謝他們看慕的事。

男孩的權利宣言

伊利沙伯 · 布拉米 著

埃斯泰勒 · 比龍 圖

新雅文化事業有限公司
www.sunya.com.hk

新雅・成長館

男孩的權利宣言

作　　者：伊利沙伯・布拉米 (Elisabeth Brami)

繪　　圖：埃斯泰勒・比龍 (Estelle Billon-Spagnol)

翻　　譯：張碧嘉

責任編輯：黃花窗

美術設計：王樂佩

出　　版：新雅文化事業有限公司

　　　　　香港英皇道499號北角工業大廈18樓

　　　　　電話：(852) 2138 7998

　　　　　傳真：(852) 2597 4003

　　　　　網址：http://www.sunya.com.hk

　　　　　電郵：marketing@sunya.com.hk

發　　行：香港聯合書刊物流有限公司

　　　　　香港新界大埔汀麗路36號中華商務印刷大廈3字樓

　　　　　電話：(852) 2150 2100

　　　　　傳真：(852) 2407 3062

　　　　　電郵：info@suplogistics.com.hk

印　　刷：中華商務彩色印刷有限公司

　　　　　香港新界大埔汀麗路36號

版　　次：二〇一九年六月初版

ISBN: 978-962-08-7292-1

La déclaration des droits des garcons, written by Elisabeth Brami,
illustrated by Estelle Billon-Spagnol

© Talents Hauts (FRANCE), 2014

Traditional Chinese Edition © 2019 Sun Ya Publications (HK) Ltd.
18/F, North Point Industrial Building, 499 King's Road, Hong Kong
Published and printed in Hong Kong